복숭아 인문학

홍소식 시집

시인동네 시인선 186 홍소식 시집

복숭아 인문학

시인동네

시인의 말

처음 가는 길은 낯설지만 흥미롭다.

완성이 어디인지 모르고 달리는 길은 두렵기까지 하다.

누구에게나 터널은 있다.

나를 단련시키고 사상을 견고하게 하고

자신만의 움집을 짓는 고독한 시간들

탈피를 즌비하는 오늘은 황홀한 내일의 시작이다.

2022년 10월
홍소식

차례

시인의 말

제1부

환승 · 11
일요일 · 12
설계 · 14
청첩의 목적 · 16
조율 · 18
공생 · 20
시(詩)는 고양이로소이다 · 22
현(絃) · 24
스케줄 · 26
잔상 · 28
우물과 노인 · 30
상상 · 32
복숭아 인문학 · 34
리모컨 · 36
경계 1 · 38
난민의 의미 · 40
프롤로그 · 42

제2부

연어 떼가 돌아올 시간 · 45

이중성 · 46

지팡이 · 48

애인 · 50

이방인의 거울 · 52

건조대 · 54

독거 · 55

이방인 · 56

애인의 존재 · 58

할미꽃 · 60

바람의 즙 · 62

고독 · 64

걸레 · 65

낚시의 재발견 · 66

경계 2 · 68

애인의 방향 · 70

그녀는 내게 · 72

제3부

주목 · 75

트라이앵글 · 76

열목어 · 78

소진(消盡) · 80

돈다는 것 · 82

그거 아니 · 84

갱년기 · 86

중년 · 88

파지 · 90

난민 · 92

제비집, 헐리다 · 94

아치 · 96

소리 집 · 98

뿌리 · 100

도어락 · 102

해설 복숭아로 배우는 인문학 특강 · 103
     이현호(시인)

제1부

환승

환대 받는 자 환송하는 자
화염 속에서 서로의 자리를 확인한다
지하에 의식을 저장하고
필요한 만큼만 주머니에 구겨 넣는다

비릿한 냄새와 연기로 치환이 설명될 때
남는 자는 자못 진지하다

너의 흔적에 경의를 표한다

살과 뼈
구속과 해방
만남과 이별의 경계에는
환승 너머의 환승이 기다리고 있다

나이테와 환승의 상관관계를 증명하려는 자
여러 번의 시도에도 결국
환승의 변두리에서 환승되었다

일요일

십자가가 있는 자와 없는 자로 갈라진다
표정은 다양하다
참회인지 복기(復棋)인지 자못 진지하다

외출할 때 신분은 중요치 않다
다만 자신 있는 자 걸음걸이가 다르다
흘끔거리는 자 패배자이고
모르는 척하는 자 기생자다

보이는 않는 것이 보이기 위해 성소(聖所)를 찾는다
나를 꺼내 나를 심판하며
죄의 목록을 기록한다
신만이 전부 볼 수 있게
경전 안에 자신을 밀봉한다

죄의 목록이 하나 더 늘어난다
자동응답기처럼 반복되는 기도문
믿음 위에 한 번

불신 위에 또 한 번 올려놓고
베드로를 경험한다

어정쩡하게 눈물이 떨어진다
티끌마저 없애기 위해
아니 증명하기 위해 사우나에 간다
때는 가장 깊은 곳에서
은밀함을 키우려 아닌 척을 한다

비누거품이 무기력하게 혼탁해진다
언제쯤 나를 완벽하게 탈피할 수 있을까 하는
과장된 질문까지 씻어낸다

배수구를 향해 떼로 몰려가는 찌꺼기들
개운하다, 씩 웃는다 일요일의 완성이다

설계[*]

벽, 역진화하는 방식이다

수평으로 누워 있다가 일어서는 순간 막이 된다
경계하면서 경계를 모르는 구분이다
각과 원과 뿔로 자신을 드러내면서
그것들은 한꺼번에 머리에 이는 기관이다
표정은 항상 동일하다

각
다듬어지지 않은 미래가 원이고 뿔이다
그는 항상 선택을 강요한다
한 발 앞섬과 두 발 물러섬에 결기가 필요하다
그러나 각을 세운다는 것은 당신에게 아직 기회가 있다는 증거

원
이미 휘어지는 기억이다
오그라든 채 펴지지 않은 기능

각을 상실한 비굴이다
허공을 쳐다보는 일이 일상일 때
원이 많은 당신은 원 속에 갇히고 만다

뿔
길들여지지 않은 각의 내면이다
선택을 강요하지 않으며
항상 일방통행이다
뿔을 달고 사는 당신은 일방통행을 맹신한다

한번 다짐한 태도는 오래 간다
각을 늘려가고
뿔을 세워가며
원을 닫으면서 신앙을 세운다

＊박찬세 시인의「벽돌의 방식」형태 차용.

청첩의 목적

오늘 우리 결혼합니다

예고 없는 방문
염치없는 침투
무례한 직진이다

지하철 강남역 1번 출구 도보 5분
셔틀버스 수시 운행
한강을 건너는 일은 당신의 선택

우린 얼마짜리 관계일까
자존심과 체면을 변수로 셈을 해도
계산은 각자의 영역
휴대폰으로 전송된 청첩장의 무게가
가벼우면서 가볍지 않은 이유
알면서도 잘 모르겠다

불편한 마이너스

이번 생은 내내 갚아야 한다
체면과 예의와 질서가
습관적으로 너무나 많다
청구서를 좋아하는 사람이 된 적 없는데
채무 증서를 방명록과 식권으로 교환한다

타인도 지인도 아닌 자리에서
순식간에 관계는 맺어지고
나는 어정쩡하게 밥을 먹는다

왠지 오늘따라 자꾸 뒤를 돌아보게 되는데
지인의 부고 소식이 톡으로 전송된다

조율

인지 가능한 음역대는 16에서 2만 헤르츠
파와 솔에는 42.8헤르츠의 거리가 있다
항상 솔의 자리에 머물던 그녀
습기를 머금은 탓일까
오늘밤 파열음이 되어 터져 나온다
끊길 듯 끊이지 않은 오열
알 수 없는 음역대가 발견된다

지금 당장 조율이 필요한데
나에겐 측정 가능한 절대음감이 없다
현을 조일 땐 아집을 내려놓고
평균율을 유지할 수 있도록
도덕률부터 바짝 살펴야 하는데
그녀만 보면 나의 감각은 허물어지고 만다

간극과 간극이
정열과 정열이
기준과 기준이 만날 때

우습게도 조율은 조율되지 못하고
우리 사이는 파국을 맞는다

언제부터였을까
그녀의 고음에 미동도 없던 내가
미세한 음 이탈의 파동에도
날이 서던 것은……

조율은 아이러니이다 황홀한 이별이다

공생

#동상이몽

치매가 확실하다
오늘도 같은 소리만 일곱 번째다
엄마 아빠랑 있을 때보다 구시렁거림이 늘었다
인형들이 하나같이 배부른 이유를 알 만도 하다
내가 집을 비운 사이 늙은이의 독백을 실컷 먹고 있었을 거다
앞도 못 보는 것들이 맑고 투명한 눈으로 나를 빤히 쳐다본다
나에게 보내는 야유일 게다
할머니를 힘들게 한다고

#불협화음

애비를 닮았으면 안 그럴 텐데
하는 짓이 영락없는 지 애미다
저것은 밥보다 바람을 잔뜩 집어먹고
싸돌아다니느라 끼니때를 제대로 지키지 않는다

송아지 눈을 닮아 남자 몇은 살살 녹일 거다
헤헤거리는 웃음, 저것만 아니면
자식 복도 며느리 복도 손자 복도 없는 내게 왜 혹처럼 착 달라붙어 있는지
내가 빨리 죽어야지 아니 끝까지 살아야지
지 몸뚱이 간수할 수 있게 고등핵교 졸업은 봐야겠다
눈깔 없는 인형들을 보고 있자니 맴이 참 착잡하다

시(詩)는 고양이로소이다*

시상이 떠오르자 얼른 고양이를 뒤집어썼다

미동도 없이 집요하게 환영을 바라본다
한 발짝만 더 다가서길 기다리며 쥐 죽은 듯 숨을 멈춘다
아직 덜 익은 영감이 고양이 발톱에 걸렸다

본능에 따라
한번 물린 생각은 꼬리에 꼬리를 물고 진화한다
진화된 시어는 박제가 되어
절벽에서 뛰어내려도 피가 나지 않는다

솜털 같은 섬세한 이미지가 햇볕에 곤두서 있다
사뿐사뿐 걸어와 피 묻은 볼을 비벼댄다
매혹적인 엉덩이를 들썩인다
부드러운 살기에 전율한다

 어떤 때는 꼿꼿한 직선 어떤 때는 속을 알 수 없는 꼬리의 곡선

그 내밀한 속내를 알 수 없어서 선뜻 다가서지 못하고
난해함 앞에서 꼼짝할 수 없다

마침내 고양이는 시를 물고 눈동자에 불을 컨다
순간, 카타르시스가 나를 덮친다

＊이장희 시 제목 변용.

현(絃)

지하에서 소리 썩는 냄새가 진동한다
미라가 잠들어 있는 무덤처럼 먼지가 시간을 뒤집어썼다
외로움을 병처럼 달고 사는 사람의 소리함을 깨웠다

도를 누르자 낮은 신음 소리로 우글거렸다
레에는 불안한 미래에 대한 떨림이 웅성거렸다
미를 누르자
우윳빛 투명함과 은은한 잔향을 가진 여자의 머릿결처럼
찰랑거렸다

파에 이르자 아직 오르지 못한 정상 밑에서 내뱉은 거친 숨
소리가 났다
그의 숨소리도 따라 거칠어졌다
솔을 누르자 파열음이 들렸다
그는 왜 여자의 날카로운 성대까지 조율하지 못했을까

라에서는 율법을 품은 사람들이 세상을 이끌어가는 소리가
들렸다

라를 닮지 못한 그는 라를 중오했다
시를 누르자 소리에 민감한 여자의 투정이 절정으로 치달
았다

다시 도를 누른다
백 년 산사의 목어가 유유히 허공을 헤엄쳐 가는 소리가 들
렸다

뒤돌아보지 않을 것만 같았다
그에게 정해진 악보는 그때뿐이었다
시간을 뒤집어쓴 먼지와 갈팡질팡 남은 음표 몇 가가 번뇌
처럼 떠돌았다

스케줄

그가 누구의 사주를 받고 있는지
문득 궁금해지기 시작해
시간의 배후를 추적했다

항상 원 안에 갇혀 있을 때는
똑같은 패턴과 집착이 지겨워
탈출의 꿈을 버리지 못하여
호시탐탐 튕겨질 기회만 바라다가
마침내 스스로를 분해했다

남은 건 원심력이 전부인 톱니바퀴와
지쳐버린 퀭한 눈의 나사와
분위기 파악 못하는 뒤죽박죽 숫자들
시침과 분침은 허둥지둥 새로운 방향을 모색했다

놀라 뛰쳐나온 시간은
캘린더의 벽 안에 갇혀
사각으로 몸부림치고 있는

또 다른 자신의 모습에 소스라쳐 놀라
스스로를 추스르지 못해 안절부절 때를 놓쳤다

달력이든 일력이든 괘념치 않았는데
스스로를 해체해도
벽 안에 갇혀 있는 부속들의 견고함 때문인지
떠날 수 없는 프레임은 견고하다

과분한 몸짓이란 걸 뒤늦게 알 무렵
어제와 오늘의 기분이 다르고
내일이 물컹하게 멀어진다

결국, 느리고 빠름은
그에게 주어진 권리이자 찰나의 유혹
그것만으로도 나의 착각은 황홀하다

새로운 감옥의 완성이다

잔상

미완성된 생각 위를 내내 걸어 다닌다
하나, 둘
걸어 다니는 생각을 쓸어 담는다
날리는 것들은 흩어지길 갈망한다
서로 뒤엉킨다
이것들을 해석하면 나일까 너일까
덕지덕지 붙은 숨
너와 함께 걷던 거리를 활보하며
생각의 맛은 어떨까 하고 생각한다
먹는 것은 생각일까 맛일까

뒤엉킨 생각, 거칠어진 호흡
문장은 멀리 가지 못하고 여운도 없이 고꾸라진다
미완성이 오히려 예술이라는 생각에 젖는다
질서 있게 뒤엉켜도
상징이나 비유가 못되어도
그 자리엔 하나뿐인
나의 감정들이 웅크리고 있다

문장에서 내가 이탈하는 꿈을 꾼다
모서리가 되기도 하고
별이 되기도 하고
원하는 것은 무엇이든 될 수 있는 공간에
나를 눕히고 가만히 들여다본다
여전히 본색을 감춘 생각이다

우물과 노인

누구나 우물 하나씩 가지고 있다

고여 있거나 샘솟게 만드는 또 하나의 근원
무엇이든 싹을 틔우고 특별한 방식으로 길러낸다
내 우물 안 단단한 아집과
욕망 덩어리를 먹고사는 허기진 집념이 가득하다
그 우물을 떠 마시는 사람은 나를 닮은 노인이다
여간해서 타협을 모르는 좁아진 미간 위에 검버섯처럼 번지는 관념이 목마름을 축인다
멈출 줄 모르는 갱년기 위에 갱년기
노인은 우물에서 태어났다

필리핀 어느 섬에 용암이 분출되었다는 뉴스가 흘러나온다 특이한 점은 전조증상이 전혀 없었다는 것이다 전문가들은 맨틀과 맨틀이 얼마나 이동을 하는지 그 안의 열기와 가스는 어떤지, 얼마나 오랫동안 꿈틀거려 왔는지 알 수 없었다 마치 내 우물이 언제 어떻게 뒤틀리고 있었는지 눈치채지 못했듯이

손과 발이 중력의 균형을 파기하는 균열과
금기의 불문율을 자신의 가능성으로 보는 오류가 우물을 자주 찾는다
끝없이 샘솟는 것은 우물의 본성
옳고 그름을 따지는 것은 편견이라는 듯 항상 직진이다

우물은 노인임과 동시에 맨틀이다

상상

이곳에서는 혼자 말하고 혼자 답한다
문이 답이 되고 답이 문이 되는 건 일상
문과 답이 가면을 서로 건네준다
주둥이가 꼬리가 되고 꼬리가 주둥이를 꽉 문다
어제는 쓰나미 속이더니
오늘은 텅 빈 갯벌 안이다
어제와 오늘이 섞이고
이곳과 저곳이 푹푹 빠진다
나를 통과하지 않으면 알아채기 어려운 변덕
어떤 바늘에도 걸리지 않을 미끄덩거림으로 무장한다
매일매일 챔질이다
위험한 전율이다
나를 방치하는 짜릿함을 뇌리에 세습한다
세습은 세습을 낳고 납처럼 굳어진다
상상하는 자의 머리는 항상 복잡하다
적당한 기다림이 좋을지 과감한 이탈이 좋을지 묻는다
항상 새롭게 할 필요는 없지만
가끔은 네 맘대로 하라고 속삭인다

이상한 답이다 답이 없는 답이다
과거가 남긴 비릿한 흔적을 쫓으며
미래를 오늘로 소환한다
이곳이 나를 자꾸 끌고 다닌다
통증을 모르는 물고기처럼
끝까지 깨고 싶지 않다

복숭아 인문학

복숭아를 보면서 추억을 고집하는 당신
과수원에 와보신 적 있나요
나무에 달린 열매인 양
주렁주렁 매달린 사람 냄새를 맡아본 적 있나요

한입 베어 물면 흥건하게 번져오는 저녁 안에서 한꺼번에 몰려오는 식솔들의 달콤한 표정들을 전부 만날 수 있을 거예요 어머니는 태몽 이야기에 눈시울 적시겠죠 아버지는 할머니가 돌아가시기 전에 맛나게 삼키던 물복숭아의 여린 속살을 떠올릴지도 몰라요 누이는 복숭아와 봉숭아를 착각해서 까르르 웃을 테고 나는 덜 익은 복숭아를 싸웠던 친구에게 내밀면서 아무도 모르게 뿌듯해하던 그날을 반복할지도 몰라요

인문학이 별거 있나요
식구들과 친구들이 모여서 단단한 복숭아를 깎지도 않고 베어 물었던 생각을 하거나 완숙한 복숭아를 씹지도 않고 사르르 녹여 먹던 늦여름 식탁을 그리워하면 그만일 거예요

그러니 복숭아란 단어만 떠올려도 침이 고이면
당신도 그 자체로 인문학이에요
마음속에 사람을 사랑하는 계절이 깊어지고 있고
당신보다 먼저 소리 없이 둥글게 웃는 복숭아가
태양과 달과 바람과 비에게 당도 높은 특강을 하고 있을 테니까요

리모컨

게으름의 길이는 어디까지일까
침대 모서리에서 모서리까지 뒹굴거리는 시간만큼
말초신경의 길이는 줄어들고 게으름의 길이는 늘어난다
게으름은 더 이상 흉이 아닌 무기
리모컨에 의지한 채 살아가는 형식일 뿐이다
언제나 호출 가능한 무한한 잠재 본능
손놀림의 시간이 빨라질수록
허리의 각도는 휘어지고 반성은 더 가벼워진다
On과 Off 접속되고 이탈되는 시간은
켜켜이 독백으로 쌓여가는 21세기형 감옥이다

리모컨을 탐닉하는 당신은
결별을 선언하고 망각과 환상 속에서
과거와 현재와 미래를 어설프게 소유하고 있다
당신의 손끝으로 소환되는 채널에게
스스로 박제된 채 길들여지고
손가락은 길어만 간다

뉴스와 쇼핑과 영화와 코미디가 24시간 대기 중이다
손가락을 움직일 힘만 있다면
게으름은 가장 완벽한 낭만
달콤한 맹목이 당신 앞에 놓여 있다
이제 게으름 모드를 위해 밖을 차단할 시간
리모컨이 간절히 바라는 소망이다

경계 1

비는 소리를 품고 산다
비와 비를 구분 짓는 사이에는
경계를 품은 순간이 있다
서로를 기다리다가 밀어내다가
마지막에 토해내는 적막
결국엔 적막도 소리다

누구에게나 무엇에나
환희의 극치와
굴곡의 최저점을 향한 언저리엔 항상 쉼표가 있다
저리 많은 것들을 안고
질주하다 보면 넘어지고 치이면서도
언젠가는 돌아오는 제자리에
어김없이 자리 잡은 응어리 같은 것이 있다

그런데 지금은 응어리의 자세만 있고
소리가 보이지 않으니
이것은 어떤 적막인가

당신과 나 사이엔 비를 품은 사이가 산다
흠뻑 젖은 쉼표가 있다
끊김이 아닌 척하는
줄줄 새는 이음새
경계마저 사라질 것 같아
우기 내내 경계를 붙잡는다

난민의 의미

테러는 살아남으려는 자들의 반작용이다

그보다 더 강렬한 저항은
자리를 벗어나는 것
거기에는 죽음이 기다리는 것도
끝을 거슬러야 하는 발악도 없다
그저 바람의 안내와 무기력의 흐름만 있을 뿐

난민의 유래는 여기서부터다

저울은 항상 외부의 몫
외부의 저쪽은 해결책 없는 심판대에 오른다
좋아하는 색이 뭐냐고 물으면 옐로
노랑이란 말은 통하지 않는다
좋아하는 노래가 뭐냐고 물으면 애국가
상상은 아직 존재하지 않는 먼 미래

꿈꾸는 세계는 오만한 사치

바람이 분다 도처에 먹구름 낀 흑빛 바람
약탈과 자선이 팽팽하다가
기우는 순간 신분이 결정되기에
나무들은 제자리에서 숨을 죽인다
침묵에 적응했으니 폭도는 더더욱 아니다

무리는 도처에 실종을 흘리고 다닌다
그들은 떼를 지어 또 다른 행성을 만들고
정해진 궤도를 벗어나지 않으려 안간힘을 쓴다
그런데도 옥상 난간 위에선
우리를 닮은 또 다른 난민이 심심찮게 발견된다

프롤로그

이내 춘곤증에 빠진다
산수유 향이 스멀스멀 걸어온다
회색 벽이 기지개를 켜고
놀란 장독대 항아리가 참았던 숨을 토해낸다

집은 태초의 본능을 알아차리는 놀라운 기관
흙벽 실핏줄에 그리움이 스며든다
아궁이의 혓바닥에 입맛이 돌고
집 구렁이가 슬금슬금 똬리를 푼다

이젠 사람의 방향이 바뀔 것 같다
당신은 내게 와도 좋다

제2부

연어 떼가 돌아올 시간

사랑을 노래하는데
사랑이 없고

너를 읊조리는데
너는 없다

나는 너의 세 번째 남자
너는 나의 다섯 번째 여자

강물이 질척거리며 거친 숨을 내쉰다

다시
연어 떼가 돌아올 시간이다

이중성

수요일 오후
거울 앞에 넋 없이 앉은 그림자를 보았다
본능에 따라
골목을 타고 들어오는 비릿한 냄새에 낡은 수염을 곤두세우고
한곳을 응시하는 품새가 삵을 닮았다

숨통을 단번에 끊어야 할지 좀 더 가지고 놀아야 할지
발바닥에 숨겨진 날카로운 비수는
내밀하고 단호하게 그러나
가끔은 아주 가끔은 보드랍기 그지없다
먹이를 잡는 방식과 방법 사이에서
습관처럼 이성과 감성이 투쟁 중이다

매혹적인 선한 눈은 은밀한 범죄를 모의하기 위한
확대된 동공의 표출
솜털의 부드러움은 상대의 방심을 위한 털의 가식
곤추세운 꼬리는 먹히지 않기 위한

적자생존의 방정식

이것은 버려진 지 수년 된 고양이가
이제 막 버려진 나를 대하는 태도이다

세월이란 방치의 또 다른 이름일까
야성도 본능도 용해하는 저 어정쩡한 자세
생존을 위한 방식에는 정석이 없다
낮과 밤의 이중성이 이를 증명한다

지팡이

죽음 앞에서 수직은 무의미한 일
기울기의 한계가 무한대로 뻗어 있다
척추가 조금씩 기울 때마다 직립은 더디어져 가고
무게중심의 의지는 점점 사그라져 갔다

아직 할 일이 남아 있다는 듯 빈집을 지키다
알아듣지 못할 주문을 두드리며
북쪽을 연신 더듬거린다

지난 한때 머물던 자리에서
지금의 허물을 애써 외면하고
먼발치의 내일을 미리 예고할 때
지팡이도 지팡이가 필요했나 보다

댓돌 위에 덤덤히 앉아 있는 그녀의 그림자
호흡이 있는 듯 없는 듯
오후의 나른한 햇살에
한 줌 바람의 흔적을 음미하고 있을 것이다

회한 없는 과거를 갖고 싶었을까
아니면 뚜벅뚜벅 도망치고 싶었을까
무심코 날아 앉은 가을 잠자리에
저 혼자 파수를 꿈꾸고 있다

무덤가엔
달빛을 머금은 경아주 한 줄기 무성히 자라고 있다

애인

전깃줄을 사이에 두고
거미가 외줄타기를 하고 있다
끌림과 끌어당김 작용과 반작용
물리학의 법칙은 여기에 없다
마냥 끌림과 한없는 끌어당김에 목숨을 건 거미만 있을 뿐

사랑은 목숨을 건 아슬아슬한 곡예
그리움의 추가 한쪽으로 쏠린다면
마음이 시린 것은 나일까 당신일까
선언한 쪽은 항상 당신인데
슬픔의 인이 박인 쪽은 왜 매번 나일까
아직도 물컹한 가슴, 밤이 아리다

거미의 유혹은 치명
매번 속내를 감추고 뻗어온다
나는 처음부터 눈이 멀었다
바람과 태양과 달까지 감지할 수 있는데
당신의 접근만은 느낄 수 없다

애틋한 마음을 아는 듯 모르는 듯
태연한 척 무심한 척
한없이 타고 오르는 거미, 애인을 방치한다
끈적끈적한 점액질이 내 안에서 먼저 부풀기 시작한다

이방인의 거울

화려한 불빛 유쾌한 웃음으로 위장된 도시는
탐욕스런 하루를 마감해간다
그 불빛은 내 방에 들어오면 얼음같이 차가운 빛깔인데
당신의 방에서는 어떤 모습일지 궁금하다

혹시 지금도 역겹게 위장된 무지개색일까
아님 당신의 본색일까

조작된 도시에서 유쾌한 웃음은 웃음을 체크한다
당신의 웃음을 알 턱이 없으니 나는 항상 배가 고프다
내가 얼마나 웃었는지는 화장실 거울만이 안다
가끔 낯선 웃음이 주파수를 타고 달려오기도 한다
위로를 가장한 조롱과 비웃음

매일 사표를 품에 안고 다니는 나는 그림자에 가깝다
그림자는 그림자를 보고 매일 웃는다
웃음은 소리보다 냄새가 더 지독하다
같은 냄새를 풍기는 자들의 웃음이 도시의 불을 밝힌다

나를 훈계하던 그림자가 힐끔힐끔 내 눈치만 본다
정말로 배가 고프면 웃는 연습을 더 하라는 뜻일까

거울은 절대 비웃음을 드러내지 않는다
이방인이 아닌 다른 이방인으로 길들일 뿐이다

건조대

빨래 건조대 위에서
마누라의 젖은 외로움과
딸내미의 수줍음이 알몸을 드러낸다
나도 슬며시 함께 자리를 잡는다

두 여자가 지금까지 같은 색의 팬티를 입었다니!

늘어진 고무줄과 손톱만 한 구멍이 주인을 구별한다
구멍 난 팬티 사이로 내 설움이
블랙홀처럼 휘감아 돈다

알몸을 감싼 것들 앞에서도 알몸을 드러내는 너는 무엇이냐
보이지 않는다고 해진 것을 감출 수는 없었을 테니
무장 해제된 당신이 더욱 서럽다

무능을 비웃기라도 하듯
쭈글쭈글해진 것들을 더욱더 활짝 펴서 넌다
고무줄이 탱탱해질 때까지

독거

천둥에 숨이 멎었다

순간 눈가에 불꽃이 튀었다
분노가 토설되며 표적을 향해 어김없이 강타한다
충격의 흡수는 항상 아랫배 차지다

파편이 혈류를 타고 흐르다가
어미의 태반처럼 편한 곳에 은신처를 찾았다
음습을 먹고 사는 벌레들의 자리
그 깊숙한 곳에 독거(獨居)를 세웠다

또 한 번의 직전이 다녀갔다
어김없이 매뉴얼대로 움직이기 바빴다
안부를 말잔치도 주고받았다

막바지 에필로그가 치러지고
그 자리엔 회색빛 푯말이 대신한다
다가오는 내일이 밀봉된 자아 앞에서 웃는다

이방인

이방인은 변두리에 살지 않는다

바른 정장에
유쾌한 웃음으로 가득 찬 화려한 도시를
떨리는 고독이 지배한다
집어등의 유혹을 놓친 촉수는
허공을 향해 비틀거리고
방향 잃은 발가락은 제각각이다

아른거리는 자화상에 깊어지는 그림자들
전사의 흔적으로 추억을 노래한다
부석부석 떨어지는 마음 조각들
타는 냄새가 애매하다

복제품을 만드는 건 관성이다
몇 번의 월요일을 먹고
몇 겹의 화장을 지워내면
궤도열차에서 내릴 수 있을까

밤의 길이만큼 깊어지는 고독
오늘 기능 없는 나를 분해했다
그림자의 그늘자가 더 커지기 전에

애인의 존재

남자와 여자, 여자와 여자의 만남이나
남자와 남자의 만남만으로
애인은 설명되지 않는다

원래 애인의 거처는 꿈속이다
꿈은 수많은 애인을 가두고 있다가
교묘하게 위장한 바늘과
치열한 교감이 이루어지는 찰나에
섬뜩한 감촉으로 바깥을 향해 입질을 해온다

오늘밤의 미끼는 비릿한 텔레파시
처음은 누군가의 짝이거나 짝이 아니기에
입질은 미약하고 소극적이다
있는 듯 없는 듯
존재의 부재는 기다림을 잉태하고
온몸을 덥석 무는 절정의 연속
언제나 가능성이다

선택은 항상 너의 몫이었으니
그날 휘몰아치던 바람은 바람으로 끝났다
꿈속을 탈출하려는 것은 위험한 본능
치명과 환희가 찌를 사이에 두고
기울기를 시험하는 사이
성급한 감각은 꼬리를 감추고
떡밥처럼 너의 방향이 느긋하게 풀려나간다

매일 거침없는 유혹과 끌림
애초의 애인은 굼으로 절대 설명되지 않는다
흔적과 여운만이 우리를 탓할 수 있다

할미꽃

아직 덜 익은 바람 소리 수런거리고
봉쇄된 침묵을 딛고 일어나 반응하는 저것들
머리를 어디에 둘 줄 몰라
4월을 두리번거린다

순응,
이 무리에서 고개를 든다는 건
스스로 이방인이 되는 것이므로
차라리 숙이는 편을 택했나 보다
그것은 비굴이 아니라 절제된 고독이다

백두옹(白頭翁),
누군가의 자서전에 새겨질 묘비명이라면
거추장스러운 치장쯤은 벗어버리고
원초의 모습을 택하고 있는 건 아닐까

자줏빛,
어느 시기 어떤 종족들에겐

죄를 반성하기 위해 필요한 색이어서
미리 준비한 치밀한 본색일 뿐이다

양지바른 무덤가,
너도 나도 무더기로 나와
죽은 자들을 딛고
화려한 비상을 꿈꾸고 있다, 오늘

바람의 결

결 속에는 새가 산다
밀도에 따라 바람이기도 하고
바람을 키우는 간격이 되기도 한다
그 간격 속에 갇혀 사는 유령은
내력을 애써 외면한다
소설이 되기도 하고 때론 전설이 되기도 하기에
지나는 모든 사물의 외형과
태도와 방향까지 발설할 수 있지만
바람이 바람으로 부는 것은
허영이 실감으로 다가오기 전에
가슴에 든 멍을 내려놓기 위함이다
바람은 결과로 말하는 것이어서
외벽은 항상 분주하다
바람과 바람의 간극은
옆구리나 모서리를 스치는 구름의 감촉 같은 것
결이 다른
그 사람과 나와의 사이만큼 낯설다

당신을 바람 속에 가둔 건 유언 때문만은 아니다
바람의 이름으로 불릴 때는
당신은 가장 편안한 투명이 되곤 했다
이미 지나온 흔적을 무덤덤하게 바라보며
나는 바람을 산다
그러나 새는 나를 위해 한 번도 울지 않는다

고독

길가에 늘어진 서러움을 보았다
그 흔한 신문지도 없이 밤을 지새웠나 보다
까치의 자명종 소리에도
새벽잠이 한창이다
고독을 즐기지 않는 자 그대여
긴 밤 얼마나 무섭고 외로웠을까

서글픔이 꿈속을 쫓아가고
두려움은 도시를 가득 메운다
결국 고독과 술을 마신다

달리는 도시의 광란과
아랑곳하지 않는 군중은
서로 만나지 않기를 바랄 뿐

어쩌다 만나면 오늘같이 흉몽만 꾼다

걸레

걸레는 빨아도 걸레란 말은 진실이 아니다
원래부터 걸레는 없다
처음은 새 마음 새것으로 시작한다
차츰 시간이 만들어낸 욕심에서 걸레로 변화되어 갈 뿐이다
누군가를 위해서 스스로 걸레가 된다는 것은 행복하다

네 어미에서
어미의 어미에서
어디 걸레 아닌 어미가 있었더냐
너의 온갖 수모를 대신 닦느라 잠시 걸레가 되었을 뿐

낚시의 재발견

먹이를 사이에 놓고 대척점에 서 있다
지금까지는 물고기의 완승 3:0
제법 한다는 꾼이 이 정도면 이 물의 주인들의 수준이 보통은 아니다
분명 이들은 사전 교육을 받은 놈들임에 틀림없어, 라고 생각한 낚시꾼
다른 방법을 강구한다
나름 기발한 아이디어 친구의 친구는 회색분자
물고기 모양의 지렁이를 투입한다
물속에서는 전파속도가 광속이다
위장한 지렁이의 경고 메시지가 SNS를 통해 전파된다
어디에나 허점은 있는 법
다음날 인터넷 전화 사기로 수억을 날렸다는 기사가 대서특필 된다
그들의 말을 들어보면 손주, 손녀가 꾼에게 잡혀 있다는
너무 평범하고 고전적인 수법에 당했다는 황당한 이야기뿐이다

겨우 중국산으로 날 잡겠다고요?
치열한 전투 중에도
조릿대의 끝에는 무심한 듯 잠자리가 오수를 즐기고 있다

경계 2
— 나만 운다

I go, I go
내가 나를 위해 곡을 한다
차가워서 운다
무서워서 운다
외로워서 운다 나만 운다
나만 우는 내 모습이 서러워서 또 운다

늙은이들만 띄엄띄엄 와서 동병상련인 양 훌쩍인다

 광주댁 왔는가 지난해 내가 허리 굽은 할망구라고 놀렸던 거 미안허네 글고 틀니 해 박았다면서 괜찮은가 웬만하면 임플란튼가 뭣인가 돈 잘 버는 사위한테 해달라고 하소 하시라도 아들놈한테는 기대허들 말고 이~ 죽으면 돈이고 아랫목이고 다 끝이여 여주댁 자네도 왔는가 다리가 많이 아플 텐데 뭐 하러 왔는가 이따 곧 볼 텐디 내 혼잣말잉께 못 들은 척하소 잠깐 실례하네 아들놈이 젯밥 올린다고 함께 가봐야것네 차린 것은 없지만 맛나게 먹고 놀다 가소 술도 한잔씩 허고 곧 보세 I go

모두가 호상이란다
사실 만큼 사셨지라우
철없는 아들놈까지 거든다
그것도 내 면전에서
얼마나 짐이 되었을까
며느리 손님 맞는 얼굴에 화색이 돈다
늙은이들만 안다
자신이 사라져야 할 경계라는 걸
I go, I go
그들에게만 소리가 들린다

애인의 방향

 남자와 여자와의 만남이나 유부남과 유부녀의 만남만으로는
 애인은 정의되지 않는다

 원래 애인의 거처는 물속이다
 물속은 수많은 애인을 가두고 있다가
 교묘하게 위장한 바늘과 치열한 교감이 이루어지는 찰나에
 섬칫하는 감촉으로 전달해 온다

 애인은 누군가의 짝이었다
 위장된 저녁과 물이 부딪히는 순간 전기를 가장 잘 만드는
 뱀장어처럼 스스로를 밝힌다
 절정의 순간이다 미완의 연속이다

 너무 도도한 게 문제다
 물속은 침입자에 민감하여 물살을 터트려 스스로를 지키려 하나
 평온함을 잃는 것이 애인의 약점이다

낚시를 다녀온 후 며칠 만에 다시 찾은 애인은
어떤 일상에서 탈출하여
또 다른 절정을 꿈꾸고 있던 중이다

나도 무너졌던 바 있으니
애인의 거침없는 방향을 나무랄 수 없다

그녀는 내게

　그녀는 내게 표현이 부족하다고 했다 흔히 듣는 말은 아니었으므로 오래 남았다 취미가 무어냐고 묻기에 시를 쓴다고 답하다 스스로 움찔했다 다음 말을 듣기도 전에 웃는 그녀의 웃음에서 비린내가 풍겨왔다 나는 그 비린내를 쫓다가 어린 시절에 올라 놀던 너럭바위 위에 있는 나를 보았다 바위는 저를 분해해가며 바스러진 귀퉁이로 지친 몸을 누이고 언제나처럼 기다리고 있지만 숨소리는 떨어져 나간 조각만큼 거칠다 저것의 출발은 말랑말랑한 열을 품은 용광로였을 터 언젠가 나에게 퍼붓던 키스만큼 뜨거웠을 터 지금의 그녀는 바위를 닮았다 이끼 없는 척박함 금이 난 모서리는 메마른 감정과 거침없는 독설로 자신을 무장했다 철옹성이다 삐져나온 칼날 같은 바위 결은 누구라도 베일 수 있는 항상 준비된 그녀의 자세다 길들여진 나만 흐물거리며 예봉을 피할 수 있는 내성이 나름 비장의 무기다

　그녀는 내게…… 목마른 세렝게티

제3부

주목

지구에서 직립은
이미 직립이 아니듯이
삶이 꼭 반듯할 필요는 없다

어떤 기울기는 적도의 선을 넘어섰기에
메아리로 반추하지 않는다

평형을 강요당했던 허세에 눌린 적 있다
직립을 고집해 항상 푸르다는 소리에
발걸음은 더욱 무거워지고
행동의 뒤끝은 항상 초라했다

살아서 보다 죽어서 오래 기억되리라

시린 발을 내주며
붉은 몸뚱이를 유산으로 굴려받은 실속 없는 주목
직립에 대한 열망으로 하루를 소비한다
오늘 난무했던 언어는 직립이었을까

트라이앵글

불완전체이다
완벽을 추구하지 않는다
정율에는 미성이 깃들지 않는다

소리가 소리를 증언하기 위해
완벽한 삼각을 품는다

찰나의 부딪힘에 기다림은 필수
묵힌 소리는 틈새를 타고
다듬어지고 여물어 간다

저녁을 품으며 트라이앵글을 두드린다
붉은 노을이 떨려온다
노을 속 당신의 부재가 밀려온다

조금은 미숙한
조금은 허술한
조금은 불편한 것이 소리가 되고

소리가 소리를 사랑한다

노을을 따라 당신을 향한다

열목어

저항은 본능
물살을 거스르는 일이 일상이다
출근길의 경사(傾斜)가 점점 높아진다
보이지 않는 경사
나만 계속 하류에 머물고 있다

매일 매일 좁아지는 입지
한 몸 뉘일 곳 찾아
겨우 겨우 안착한 밑바닥에
불안이 거처를 튼다

불안과 불만이 모여드는 곳
여울 같은 포장마차엔
이미 상류를 차지하고도 남을
아우성이 넘실댄다

토설은 또 다른 활력
온몸의 열기를 식힐 만한 곳을 찾아

먼 길 마다하지 않는다

막다른 골목 어귀에
쪼그려 앉아 허공을 보는 미생
미명에서 여명의 찰나를 맞이한다

소진(消盡)

활활 타오르는 붉은 작약의 광기와
꽃대를 밀어 올리는 욕망은
지금 자신을 소멸하기 직전의 태도이다

몽우리를 절개한 그녀는
더 간직할 것 없는 바람을 내려놓기 위해
자신과 타협 중인지
퀭한 눈망울을 들지 못한다

나도 분명 그녀에게 무언가를 주었을 진데
그녀의 허기를 채우고 싶은데
준 기억보다 받은 기억만 남아
자꾸 내려놓는 그녀의 그늘이 길기만 하다

자신을 내어놓는다는 것은
연륜이 쌓일수록 더 소중해지는 시간 같은 것

붙들수록 비껴가는 욕심의 한 중간에서

언제나 묵묵히 지켜보는 한 단어

소진

돈다는 것

돌린다는 것과 돌아가는 것
흔드는 것과 흔들리는 것
세상은 양과 음이 지배하는
마주 보는 속임수들의 집합이다

돌린다는 것은
바람의 날과 정수리의 한 점을 교환하면서
희열의 오감을 쟁취하고 음미하는 것

돌아간다는 것은
지킴을 위한 의지와 열정 사이에서
수성에 실패한 내면의 표피들이
자리싸움 중인 백태 중의 하나

흔들고 흔들리는 것은
정지에서 시작된 팽팽한 긴장과 이완된 어설픈 유머가
아직 정리되지 않은 사상과 사상 사이에서
제자리를 찾기 위해 뒤척이는 것일 거다

언제부터,
흔들리며 돌아가는 그녀의 중심에서
압축과 압축을 방관하며
흘려보내기만 하고 있을까

결합과 해체는
결속과 이완 사이에서
애증을 반복하는 이율배반
그러나, 둘은 항상 묵묵히 하나가 된다

때론, 열기를 안으로 품은 활화산이 된다

그거 아니

너,
그거 아니
대보름 전날 저녁 잠을 자면
눈썹 희어진다는 거짓말 같은 거짓말

너,
그거 아니
노인네 빨리 죽고 싶다는 참말 같은 거짓말

너,
그거 아니
엉덩이에 뿔난다는 거짓말

너,
그거 아니
포토라인에서 성실히 조사에 임하겠다는
판에 박힌 거짓말

너,

그거 아니

포르노 한 번도 본 적 없다는 순진한 거짓말

너,

그거 아니

23.5도 기울어진 지구만큼

거짓말이 세상을 이끌어 간다는 자조 섞인 참말

갱년기

누구는 이직자라 부르고
누구는 은퇴자라 부르는데
나는 나를 모른다

신문지의 귀퉁이는 짓무르고
활자들이 토설을 할 시간
나에게 스스로 붙인 이름 하나
갖고 싶은 오후에
막걸리 한 사발로 허기를 채운다

오늘의 날씨는 맑고 쾌청
불쾌지수 0
힘없이 늘어진 넥타이를 보면
비아그라는 그래서 필요하다는 걸
알 듯 말 듯

스스로에 화들짝 놀라
움츠린 목은 쉬이 나올 줄 모르고

아직 정리되지 않은
늘어진 넥타이의 시간은
오늘도 계속된다

중년

움츠린 잎새가 옷깃을 여미고
햇살을 받는 아침
떠난 자와 떠날 자 사이에서
서성거린다

흔들리는 잎새의 갈등은
너를 알았던 시간만큼
예고된 퍼포먼스

누구의 마음에
둥지를 튼다는 것은
고통의 시작

시작을
다시 시작하기에는
소진된 과거를 자꾸 뒤돌아보게 해
첫걸음이 제자리를 맴돈다

이미 떠난 자리에
다음이 자리할 줄 알면서도
떨어지지 않는 발걸음

가을이 간다

파지

과수원에 와보신 적 있나요
완제품을 고집하는 당신
나무에 달린 열매만큼 떨어져 뒹구는 열매가
많다는 것 아시나요
나무에 달려 있다고 다 정상은 아니랍니다
뒹구는 열매는 처음부터 쓸모가 없었을까요

복숭아밭,
썩어가고 생채기 난 열매도
올바른 생육과 견고한 육질의 태도를 고집하며
자신을 키워 왔을 것입니다
녹녹치 않은 바람과
숨바꼭질하는 벌레들과
부리의 습격에도
누군가의 바람막이가 필요했을 테지요
그의 생채기가 과거를 대변하고 있다지요
비바람을 막아주고
대신해서 아파주고 싶은

명치 시린 웃음을 지닌 과거가 있다면
당신은 누군가의 파지가 틀림없습니다

지금 여기
파지를 밟고 일어서는
새큰하게 분홍빛을 발산하는
또 하나의 파지 아닌 파지가 있습니다

난민

처음부터 주인은 없다

오늘도 여지없이 빈손이다
빈손의 부끄러움을 조용히 지켜보는 또 다른 빈손
떠돌아다니는 것은 구름의 일상
발을 붙인다는 것은 대지가 갖는 권력
구름의 일상도 대지의 권력도 내게는 사치
오늘도 바람의 권세에 밀려
일그러진 초상을 갈라진 틈 속에 숨겨두고
태연한 척 가장놀이를 한다
누구에게나 호기로운 터는 있었으나
그 터를 벗어나는 순간 또 다른 영역에서
너와 나는 난민이다

얼마 전 괭이갈매기의 섬에 다녀온 적이 있다
보기에도 아비규환인 그곳엔 싸움이 끊이질 않았다
원인은 두 가지
배고픔이거나 자리를 넘보거나

내가 만난 괭이는 영둔도 모를 이사를 했다
물가에서 태어난 이유로 항상 물과 친한 줄 알았는데
범람하는 물살에 속수무책 집터를 잃었다
자리를 잃는다는 것은 험난한 미래를 예고하는 것
원래 주인이란 누구의 것도 아니지만
기득권을 법으로 하는 것은 인간이나 다름 아니다
어린 괭이에게 선택은 많지 않다
누구에게나 흐기로운 터는 있었으나
그 터를 벗어나는 순간 또 다른 영역에서
그는 난민이다

제비집, 헐리다

재개발 예정인 아파트 베란다
작년에 사용된 헌집에
젊은 제비 부부가 전세를 들었다

누수가 잦은 이곳은
월세도 기피하는 허름한 장소
젊음이라는 혈기로
보수공사가 한창이다

사랑이라는 이름은 흔적을 남기는지
서너 마리의 새끼를 낳아
부부는 아침부터 저녁까지 분주하다
하나만 낳기가 대세인데 보는 사람이 더 답답하다

균열은 항상 내부로부터 오는 것
비도 바람도 추위도 누수도
내력을 안다는 듯
변두리부터 거든다

난간에 매달린 새끼들
폭우를 전부 받아내고 있다
운명을 아는지 모르는지
부서진 집보다 배고픔을 채근한다

어찌어찌 한 다리만 살아남아
지지배배 지ㅈ 배배
합창이 독창으로 바뀌더니
훌쩍 날아가 버렸다

"월세 환영 보수는 본인 부담"
팻말이 내걸렸다

아치

직진을 거부한 것일까
약해진 쪽이 휘어진 것일까
압력을 허공에 매달았다

부러짐을 두려워한다는 것
패배가 아니다 타협이다
한쪽이 다른 쪽을 먹어치우더라도
결기를 감춘 채 마음을 섞는 일이다

당신은 여전히 화가 나 있다
내가 있는 쪽으로 자꾸 신경질을 보낸다
하루에 있는 일은 아니기에
묵묵히 지켜보는 것도 일상이다

가끔은 밀려오는 충격이 산더미 같기에
온몸이 노근해져
또 다른 탈출구를 찾아 나서지만
이미 유효기간 지난 부품은 재활용 불가

아치 위엔 이제
무덤덤과 무관심이
마디마디에 자라고 있다

소리 집

뙤약볕 아래서 목젖을 새우는 매미

소리의 집을 짓는다

허공의 집에서는 항상 몸 부비는 소리가 난다

10여 년 동안 살던 집은 이미 잊은 지 오래

전세도 월세도 아닌 3개월짜리 깔세인데도 당당하기만 하다

집이 점점 평수를 넓힌다

밤낮없이 이루어지는 구애와 성애

허공의 집은 항상 불야성이다

30년 된 나무 앞엔 서민 임대아파트가 있다

열대야 속에서 잠 못 이루는 사람들

구애 대신 소주병을 놓고

자기를 알아달라고 소리소리 소리판이다

지친 소리는 방치된 아이들에게

전염병처럼 떠돌다 잠이 든다

소리들은 소리를 낳고 대를 잇는다

뿌리

어디에나 뿌리가 있다고 믿은 적이 있다
근본이란 말은 뿌리를 뜻하는 것이니
근본 없다는 말을 들으면 갑자기 뿌리가 궁금해진다

뿌리가 눈물이라고 생각하면
울고 있는 한 사람이 갑자기 떠오른다

어머니는 항상 아궁이 앞에서
불의 뿌리를 찾으셨고
그 뿌리가 밥이 되고 죽이 되고 노년이 되었다

뿌리는 아래로만 뻗는 게 아니었다
어머니로부터 시작한 뿌리가
누군가의 몸속으로 들어가 사방으로 뻗어갔다

자식들만 그것을 몰랐으나
어머니가 돌아가시고
그 뿌리를 찾는 일이 잦아졌다

오늘밤 내가
누군가를 생각하는 것은
어떤 뿌리에서 나온 곁가지인가를 더듬는 일이다

도어락

네가 누구냐고 묻기에

현실에 길들여져서
동화는 멀어졌다고 했다

지킬의 가면만 계속되고
하이드 씨는 남몰래 죽어가고

세상의 종말은 오지 않을 거라고 했다

지루한 하루가
또 연장될 뿐이라고 했다

해설

복숭아로 배우는 인문학 특강

이현호(시인)

 문사철(文史哲), 즉 문학과 역사와 철학으로 대표되는 인문학은 그 범주가 매우 넓다. 인간의 의지와 관계없이 자연계에 나타나는 현상을 연구하는 자연과학을 제외한 모든 학문 영역이 인문학이다. 이견이 있기는 하지만, 사람을 대상으로 하는 학문이라면 대체로 인문학이라고 불러도 큰 무리가 없다. 한마디로 인문학은 사람이란 무엇인가를 연구하는 학문이다.
 그렇다면 인문학을 공부한다는 것은 어떤 의미일까. 문학 작품을 읽고, 역사를 외우고, 철학자들의 고담준론을 이해하면 되는 것일까. 법을 잘 안다고 법을 잘 지키는 것은 아니다. 인문학도 마찬가지다. 목적과 수단이 전도되면 인문학은 인간을 이해하는 것이 아니라 인간에 관한 지식만 쌓는 데 그치고 만다. 그런 인문학은 공염불이나 다름없다.

인간을 진심으로 궁금해하고 이해하려고 애쓰는 것을 인문학자가 가져야 할 태도라고 한다면, 우리는 모두 태어날 때부터 인문학자다. 아이와 부모는 서로를 살피고, 아랫사람과 윗사람은 서로를 파악하려 하고, 연인은 못내 상대방의 마음을 알고 싶어 하기 때문이다. 시인은 그중에서도 제법 뛰어난 인문학자다. 시인만큼 사람의 마음과 생각에, 또 사람과 사람의 관계에 예민한 족속도 드물다. 시인이 인문학자라면, 시집은 논문이나 연구서쯤일 터. 특히 홍소식 시인의 이번 시집은 그 제목에서부터 얼마간 이러한 사실을 표방하고 있다.

보통 논문은 서론, 본론, 결론으로 이루어진다. 좀 억지를 부리자면, 『복숭아 인문학』의 시편들도 (시집에서 3부로 나눈 것과 상관없이) 크게 세 부류로 묶을 수 있다. 첫째는 서론에 해당하는 것으로 시인의 눈에 비친 세상과 그 속에 숨은 진실을 폭로하는 시들이다. 둘째는 본론으로서 그러한 세상을 살아가는 온갖 군상의 모습과 그들의 처세를 이야기한다. 마지막은 결론 격으로 시와 인생의 의미를 되짚는 작품들이다.

한 권의 시집을 이렇게 도식적으로 읽는다는 것은 물론 어불성설이다. 모든 시는 저마다 해석의 다양성을 품고 있을뿐더러 이 시집에는 저 세 가지로 함부로 구분할 수 없는 시편도 많다. 그런데도 이런 무리수를 두는 까닭은 이 글의 성격에 충실하기 위함이다. 먼저 시집을 접한 사람으로서 느끼고 생각한 바를 알기 쉽게 풀어서 설명하는 것이 해설이니까. 그러니 이 글은 그저 『복숭아 인문학』이라는 숲을 지나는 여러 갈림길 중 한길의 길라잡이이자 시집 끝에 붙은 긴 각주일 따름이다. 모든 인문학이 그렇듯이.

    화려한 불빛 유쾌한 웃음으로 위장된 도시는
    탐욕스런 하루를 마감해간다
    그 불빛은 내 방에 들어오면 얼음같이 차가운 빛깔인데
    당신의 방에서는 어떤 모습일지 궁금하다

    혹시 지금도 역겹게 위장된 무지개색일까
    아님 당신의 본색일까

    조작된 도시에서 유쾌한 웃음은 웃음을 체크한다
    당신의 웃음을 알 턱이 없으니 나는 항상 배가 고프다
    내가 얼마나 웃었는지는 화장실 거울만이 안다
    가끔 낯선 웃음이 주파수를 타고 달려오기도 한다
    위로를 가장한 조롱과 비웃음

    매일 사표를 품에 안고 다니는 나는 그림자에 가깝다
    그림자는 그림자를 보고 매일 웃는다
    웃음은 소리보다 냄새가 더 지독하다

> 같은 냄새를 풍기는 자들의 웃음이 도시의 불을 밝힌다
> 나를 훈계하던 그림자가 힐끔힐끔 내 눈치만 본다
> 정말로 배가 고프면 웃는 연습을 더 하라는 뜻일까
>
> 거울은 절대 비웃음을 드러내지 않는다
> 이방인이 아닌 다른 이방인으로 길들일 뿐이다
> ─「이방인의 거울」 전문

이왕에 『복숭아 인문학』의 시들을 세 갈래로 나누었으니, 서론에 해당하는 작품을 먼저 살펴본다. 앞서 이야기한 대로 여기에 속하는 일군의 시들은 시인이 자기가 속한 세계를 어떻게 인식하고 있는지를 보여준다. 「이방인의 거울」의 표현에 따르면, 우리가 사는 세상은 "화려한 불빛 유쾌한 웃음으로 위장된 도시"이자 "조작된 도시"다. 이때 화려한 불빛은 "얼음같이 차가운" 도시의 실상을 감추기 위한 것이며, 유쾌한 웃음 역시 마음에서 우러나오는 것이 아닌 가면의 웃음이다. 이 허황한 불빛과 웃음을 거두어낸 도시는 "탐욕"이 들끓는 공간. "눈치" 없이 "본색"을 드러낸 자는 퇴출하고, 약한 자에게는 "위로를 가장한 조롱과 비웃음"이 돌아오는 비정한 곳이다.

「이방인의 거울」이 그리는 도시는 생존을 위해 서로 속고 속이는 적자생존의 세계다. "매혹적인 선한 눈은 은밀한 범죄

를 모의하기 위한/확대된 동공의 표출/솜털의 부드러움은 상대의 방심을 위한 털의 가식"(「이중성」)이라는 구절처럼, 이곳에서는 선의(善意)마저도 속임수에 불과하다. "마주 보는 속임수들의 집합"(「돈다는 것」)에 다름없는 이 세계에서는 "인터넷 전화 사기로 수억을 날"리는(「낚시의 재발견」) 사기가 빈번하고, 세상을 바로 이끌어야 할 지도층은 "포토라인에서 성실히 조사에 임하겠다는/판에 박힌 거짓말"을 늘어놓으며, "거짓말이 세상을 이끌어 간다는 자조"(「그거 아니」) 섞인 말이 진리로서 통용한다. 죽은 노인이 자신의 장례식을 찾아가는 시 「경계 2」("모두가 호상이란다/사실 만큼 사셨지라우/철없는 아들놈까지 거든다/그것도 내 면전에서/얼마나 짐이 되었을까/며느리 손님 맞는 얼굴에 화색이 돈다")를 보면, 유일하게 믿을 만한 가족조차도 서로를 짐으로 여길 뿐이다.

『복숭아 인문학』의 세계가 시인이 상상력으로 축조한 곳이라면 좋으련만, 시집을 읽어 내려갈수록 우리가 깨닫는 것은 엄혹한 현실이다. "우린 얼마짜리 관계일까"(「청첩의 목적」)를 계산해서 결혼식 축의금을 내고, "자동응답기처럼 반복되는 기도문"(「일요일」)으로 죄의식을 세탁하는 모습은 그야말로 다큐멘터리다. 이처럼 이 시집은 주머니를 뒤집듯이 우리 사회의 어두운 면을 보여주며, 도시가 애써 숨겨 왔던 우리의 민낯을 폭로한다. 위에서 인용한 시들을 읽다 보면 자괴감에 얼굴이 붉어지고, 진심보다도 타인의 마음을 그때그때 상

황으로 미루어 알아내는 눈치야말로 인문학의 정수인 듯싶어
못내 쓸쓸해진다.

>아직 덜 익은 바람 소리 수런거리고
>봉쇄된 침묵을 딛고 일어나 반응하는 저것들
>머리를 어디에 둘 줄 몰라
>4월을 두리번거린다
>
>순응,
>이 무리에서 고개를 든다는 건
>스스로 이방인이 되는 것이므로
>차라리 숙이는 편을 택했나 보다
>그것은 비굴이 아니라 절제된 고독이다
>
>백두옹(白頭翁),
>누군가의 자서전에 새겨질 묘비명이라면
>거추장스러운 치장쯤은 벗어버리고
>원초의 모습을 택하고 있는 건 아닐까
>
>자줏빛,
>어느 시기 어떤 종족들에겐
>죄를 반성하기 위해 필요한 색이어서

미리 준비한 치밀한 본색일 뿐이다

양지바른 무덤가,
너도 나도 무더기로 나와
죽은 자들을 딛고
화려한 티상을 꿈꾸고 있다, 오늘

—「할미꽃」 전문

지구에서 직립은
이미 직립이 아니듯이
삶이 꼭 반듯할 필요는 없다

어떤 기울기는 적도의 선을 넘어섰기에
메아리로 반추하지 않는다

평형을 강요당했던 허세에 눌린 적 있다
직립을 고집해 항상 푸르다는 소리에
발걸음은 더욱 무거워지고
행동의 뒤끝은 항상 초라했다

살아서 보다 죽어서 오래 기억되리라

시린 발을 내주며

붉은 몸뚱이를 유산으로 물려받은 실속 없는 주목

직립에 대한 열망으로 하루를 소비한다

오늘 난무했던 언어는 직립이었을까

—「주목」 전문

『복숭아 인문학』이 보고하는 세상의 참모습은 자못 추악하다. 이것을 있는 그대로 받아들일 때 우리에게는 자연스레 한 가지 문제가 뒤따른다. 이 "유쾌한 웃음으로 가득 찬 화려한 도시"(「이방인」)에서 우리는 어떻게 살아가야 하는가. 아니, 어떻게 살아야만 하는가. 인문학의 궁극적인 연구 주제라 할 이 물음에 시집의 화자들은 다양한 답을 내놓는다. 먼저 가장 눈에 띄는 처세술은 순응이다. 너무 꼿꼿하면 부러지고, 모난 돌이 정을 맞는 법. 뻣뻣이 고개를 들기보다는 "차라리 숙이는 편을" 택한 이들은 "삶이 꼭 반듯할 필요는 없다"라고 변명한다. 직립보행은 인간의 특징이지만, 세상살이에는 인간의 자존심을 지키기보다는 납작 엎드리는 편이 여러모로 안전하고 때로는 편리하다. 현실에서 직립의 욕망은 "허세"와 "고집"일 뿐이며, 그 결말은 "항상 초라"한 탓이다.

이 시집에는 여러 도형의 이미지가 등장한다. 그것들은 화자가 세상과 관계 맺는 방식을 비유하는데, 순응의 태도는 "원/이미 휘어지는 기억이다/오그라든 채 펴지지 않은 기능/

각을 상실한 비굴이다"(「설계」)에서처럼 주로 원이나 곡선의 이미지로 그려진다. 수직, 수평, 평형, 직선(직진), 각(뿔) 등의 이미지는 대체로 위의 직립과 같은 맥락 선상에 있다. 이와 더불어 자주 눈에 띄는 것이 부유하는 이미지다. 이것은 세상에 완전히 녹아들지도 못하고, 그렇다고 제대로 반항하지도 못하는 이들이 취하는 삶의 태도다. 또한 세상에서 버려진 이들이 어쩔 수 없이 선택할 수밖에 없는 삶의 방식이기도 하다.

　　테러는 살아남으려는 자들의 반작용이다

　　그보다 더 강렬한 저항은
　　자리를 벗어나는 것
　　거기에는 죽음이 기다리는 것도
　　끝을 거슬러야 하는 발악도 없다
　　그저 바람의 안내와 무기력의 흐름만 있을 뿐

　　난민의 유래는 여기서부터다

　　저울은 항상 외부의 몫
　　외부의 저쪽은 해결책 없는 심판대에 오른다
　　좋아하는 색이 뭐냐고 물으면 옐로
　　노랑이란 말은 통하지 않는다

좋아하는 노래가 뭐냐고 물으면 애국가
상상은 아직 존재하지 않는 먼 미래

꿈꾸는 세계는 오만한 사치
바람이 분다 도처에 먹구름 낀 흑빛 바람
약탈과 자선이 팽팽하다가
기우는 순간 신분이 결정되기에
나무들은 제자리에서 숨을 죽인다
침묵에 적응했으니 폭도는 더더욱 아니다

무리는 도처에 실종을 흘리고 다닌다
그들은 떼를 지어 또 다른 행성을 만들고
정해진 궤도를 벗어나지 않으려 안간힘을 쓴다
그런데도 옥상 난간 위에선
우리를 닮은 또 다른 난민이 심심찮게 발견된다
                —「난민의 의미」전문

오늘도 여지없이 빈손이다
빈손의 부끄러움을 조용히 지켜보는 또 다른 빈손
떠돌아다니는 것은 구름의 일상
발을 붙인다는 것은 대지가 갖는 권력
구름의 일상도 대지의 권력도 내게는 사치

―「난민」 부분

 "이방인"과 "난민"은 따돎의 이미지를 표상하는 시어다. 이들은 "좋아하는 노래가 뭐냐고 물으면 애국가"라고만 답해야 하는, 순응과 복종을 강요하는 세상에 항복하지 못한다. 그리하여 "자리를 잃는다는 것은 험난한 미래를 예고하는 것"(「난민」)임을 알면서도 그럴 수 없다. 이들은 자신이 몸담은 현실보다 더 나은 미래를 상상하고 꿈꾸는 자들이기 때문이다. 그러나 이 도시에서 "상상은 아직 존재하지 않는 먼 미래//꿈꾸는 세계는 오만한 사치"다. 이곳은 "현실에 길들여져서/동화는 멀어"진 세계이며, 차라리 망해버리기를 바라도 "세상의 종말은 오지 않"는다(「도어락」). "정해진 궤도를 벗어나지 않으려 안간힘을" 쓰는 사람들로 이루어진 사회가 이들을 가만둘 리 없다. 이들은 "한쪽이 다른 쪽을 먹어치우더라도/결기를 감춘 채 마음을 섞는 알"(「아치」)에 가담하지 않은 대가로 "전염병처럼 떠돌다"(「소리 집」) 끝내 변두리로 내몰린다. 그런 이들에게는 "두 기력의 흐름"과 '고독'만이 남을 뿐이다.

 세상에 버림받은 이들은 다시 같은 질문을 마주한다. 어떻게 살 것인가, 아니 어떻게 살아야만 하는가. 이대로 투항할 것인가, 계속 저항할 것인가, 그도 아니면 아무것도 하지 않을 것인가. 한번 의지가 꺾인 이들에게는 똑같은 질문이 전혀 다른 무게로 다가온다. 누군가는 "결국 고독과 술을 마"(「고독」)시며, '흉몽 같은 오늘'을 되는 대로 흘려보낸다. 또 누군가는 "망각과 환상 속에" "스스로 박제된 채" 그저 "리모컨을 탐닉하는"(「리모컨」) 생활에 빠져든다. 세상과 싸웠으나 끝내 패배하고 만 사람이 이처럼 무력감에 빠지는 것은 도리어 자연스럽다. 그런데 놀랍게도 이 끝이 보이지 않는 터널을 '나를 단련시키고 사상을 견고하게 하고/자신만의 움집을 짓는 고독한 시간"(「시인의 말」)으로 삼는 자들이 있다. 아직 상상하고 꿈꾸기를 포기하지 않은 그에게는 고통뿐인 오늘도 '탈피를 준비하는 황홀한 내일의 시작이다.' 어떻게 이런 마음가짐을 가질 수 있을까. 그것은 그에게 이러한 삶의 자세는 처세술이 아니라 인간이라면 피해서는 안 되는 당위인 까닭이다.

> 저항은 본능
> 물살을 거스르는 일이 일상이다
> 출근길의 경사(傾斜)가 점점 높아진다
> 보이지 않는 경사
> 나만 계속 하류에 머물고 있다
>
> 매일 매일 좁아지는 입지
> 한 몸 뉘일 곳 찾아
> 겨우 겨우 안착한 밑바닥에
> 불안이 거처를 튼다

불안과 불만이 모여드는 곳
여울 같은 포장마차엔
이미 상투를 차지하고도 남을
아우성이 넘실댄다

토설은 또 다른 활력
온몸의 열기를 식힐 만한 곳을 찾아
먼 길 마다하지 않는다

막다른 골목 어귀에
쪼그려 앉아 허공을 보는 미생
미명에서 여명의 찰나를 맞이한다

—「열목어」 전문

열목어는 천연기념물이자 멸종위기야생동물 2급의 특정보호어종이다. 1급수의 깨끗한 물에서만 서식하는 것으로도 잘 알려져 있다. '저항은 븐능/물살을 거스르는 일이 일상"이며 그 죗값으로 "계속 하루에 머물고" 있는 열목어의 모습은 위에서 언급한 이방인이나 난민과 다름없다. 특이한 것은 열목어에게 "토설은 또 다른 활력"이라는 점이다. 이 토설의 의미를 알아차리는 것은 어렵지 않다. 토설이란 "숨겼던 사실을 비로소 밝히어 말함"이고, 서두에서 언급했듯이 이 시집에는 그런 방법론으로 쓰인 시들이 많기 때문이다. 「시인의 말」과 비슷한 맥락인 "미명에서 여명의 찰나를 맞이한다"라는 구절을 보아도, 토설이란 시 쓰기의 다른 표현임이 분명해 보인다.

으레 시 쓰기는 아직 상상하고 꿈꾸기를 포기하지 않은 자가 세상에 맞서는 최후의 수단이다. "취미가 무어냐고 묻기에 시를 쓴다고 답하다 스스로 움찔했다 다음 말을 듣기도 전에 웃는 그녀의 웃음에서 비린내가 풍겨왔다"(「그녀는 내게」)에서 보듯이 시는 저 "상류"에 사는 이들에게는 비웃음을 살 정도로 무익한 것이지만, 도시의 논리를 거부하는 자에게는 오히려 그래서 더욱 멈출 수 없는 것이다. 토설로서의 시는 위장되고 조작된 도시의 참상을 드러내어 해체하는 한편 "마침내 고양이는 시를 물고 눈동자에 불을 켠다/순간, 카타르시스가 나를 덮친다"(「시(詩)는 고양이로소이다」)에서처럼 시인의 마음을 정화하기 때문이다. 이때 고독한 시간 속에서 "부석부석 떨어지는 마음 조각들"(「이방인」)을 모아 쓴 시는 세상에 "먹히지 않기 위한/적자생존의 방정식"(「이중성」)의 훌륭한 해답이 된다.

> 복숭아를 보면서 추억을 고집하는 당신
> 과수원에 와보신 적 있나요

나무에 달린 열매인 양
주렁주렁 매달린 사람 냄새를 맡아본 적 있나요

한입 베어 물면 훙건하게 번져오는 저녁 안에서 한꺼번에 몰려오는 식솔들의 달콤한 표정들을 전부 만날 수 있을 거예요 어머니는 태몽 이야기에 눈시울 적시겠죠 아버지는 할머니가 돌아가시기 전에 맛나게 삼키던 물복숭아의 여린 속살을 떠올릴지도 몰라요 누이는 복숭아와 봉숭아를 착각해서 까르르 웃을 테고 나는 덜 익은 복숭아를 싸웠던 친구에게 내밀면서 아무도 모르게 뿌듯해하던 그날을 반복할지도 몰라요

인문학이 별거 있나요
식구들과 친구들이 모여서 단단한 복숭아를 깎지도 않고 베어 물었던 생각을 하거나 완숙한 복숭아를 씹지도 않고 사르르 녹여 먹던 늦여름 식탁을 그리워하면 그만일 거예요

그러니 복숭아란 단어만 떠올려도 침이 고이면
당신도 그 자체로 인문학이에요
마음속에 사람을 사랑하는 계절이 깊어지고 있고
당신보다 먼저 소리 없이 둥글게 웃는 복숭아가

태양과 달과 바람과 비에게 당도 높은 특강을 하고 있을
테니까요
—「복숭아 인문학」 전문

　이제 시로 쓴 인문학 연구서라 할 『복숭아 인문학』의 결론을 말할 때가 되었다. 표제작인 위의 시는 인간성을 집어삼키는 도시에 맞서 인문학이 무엇을 할 수 있는지를 이야기한다. 이 인문학은 물론 시가 품고 있는 가능성의 다른 이름이다. 인문학을 공부하는 것은 만만치 않은 일이겠지만, "새큰하게 분홍빛을 발산하는" "복숭아"(「파지」)라는 렌즈를 통해서 본 인문학은 그 배움을 실천하기 어렵지 않다. 그것은 "비릿한 냄새"(「환승」, 「이중성」)와 "썩는 냄새"(「현(絃)」)와 '지독한 냄새'(「이방인의 거울」)와 "타는 냄새"(「이방인」)가 진동하는 세상에서 "사람 냄새"를 맡으려는 노력만 있으면 된다. "식구들과 친구들이 모여서" 함께했던 "늦여름 식탁을 그리워하면" 그로써 충분하다. 마음속에 사랑하는 사람의 얼굴을 떠올릴 때 당신은 이미 인문학을 공부하고 있는 것이다. 나아가 "썩어가고 생채기 난 열매도/올바른 생육과 견고한 육질의 태도를 고집하며/자신을 키워 왔을 것"(「파지」)임을 헤아린다면, 당신은 누구보다 인문학에 통달한 인문학자다.

　우리는 모두 이방인이고 난민이며, 그리하여 저마다 뛰어난 인문학자이다. 홍소식 시인의 시집 『복숭아 인문학』은 우

리가 어느새 잊고 살던 이 사실을 다시금 되새기게 한다. 이 시집은 우리가 끝내 꿈꾸어야 할 "미래를 오늘로 소환"(「상상」)하는 "당도 높은 특강"이다.

시인동네 시인선 186

복숭아 인문학

ⓒ 홍소식

초판 1쇄 인쇄	2022년 10월 11일
초판 1쇄 발행	2022년 10월 18일
지은이	홍소식
펴낸이	김석봉
디자인	헤이존
펴낸곳	문학의전당
출판등록	제448-251002012000043호
주소	충북 단양군 적성면 도곡파랑로 178
전화	043-421-1977
전자우편	sbpoem@naver.com

ISBN 979-11-5896-562-4 03810

*이 책의 판권은 지은이와 문학의전당에 있습니다.
*양측의 서면 동의 없는 무단 전재 및 복제를 금합니다.
*잘못 만들어진 책은 바꿔드립니다.